PAQUEBOTS-POSTE FRANÇAIS.

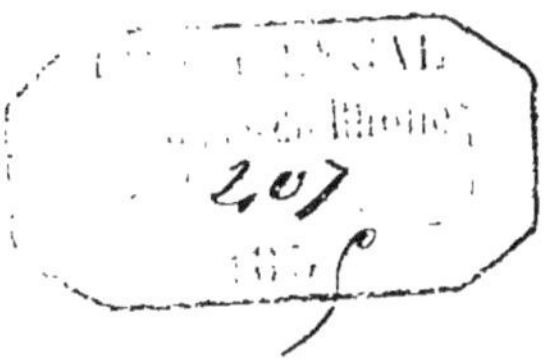

GUIDE

DES SERVICES MARITIMES

DES

MESSAGERIES IMPÉRIALES

DANS LA MÉDITERRANÉE.

JANVIER 1856.

MARSEILLE,

IMPRIMERIE ET LITHOGRAPHIE Ve MARIUS OLIVE, RUE MAZADE, 28.

ADMINISTRATION

DES

SERVICES MARITIMES DES MESSAGERIES IMPÉRIALES,

A PARIS,

Rue Notre-Dame-des-Victoires, 28.

DIRECTION

DES SERVICES MARITIMES DES MESSAGERIES IMPÉRIALES,

A MARSEILLE,

Rue Montgrand, N° 33.

BUREAUX : DE L'INSCRIPTION DES VOYAGEURS, PLACE ROYALE, N° 1.
DES MARCHANDISES, AU PORT DE LA JOLIETTE.

AGENTS

DE LA

COMPAGNIE DES SERVICES MARITIMES

DES MESSAGERIES IMPÉRIALES.

	MM.
A **Gênes**	JH MERELLO.
Livourne	JH FRUGOLI.
Florence	FAJANI.
Civita-Vecchia	A. ALBERT.
Rome	C. DALLEIZETTE.
Naples	L. EMERY.
Messine	H. BOULARD. CH. KUHNERT.
Malte	A. PORTELLI et Cie.
Syra	G. GIUSTINIANI.
Pyrée	TH. FERALDI.
Salonique	A. MISRACHI.
Nauplie	ASSIMACOPOULO.
Smyrne	CH. SALZANI.
Métélin	PELLEGRO PINTO.
Dardanelles	C. TARRAGANO.
Gallipoli	D'ANDRIA.
Constantinople	GIRETTE.
Kamiesh	REBOUL.

	MM.
A **Varna**	E. TEDESCHI.
Alexandrie	ED. DERVIEU.
Suez	A. DE GOUTIN.
Jaffa	PHILIBERT.
Jérusalem	GUARMANI.
Beyrouth	BEDEL.
Damas	G. MARCOPOLI.
Tripoli	BLANCHE.
Lattaquié	GEOFROY.
Alexandrette	DELPECH.
Alep	N. MARCOPOLI.
Mersina	LAPIERRE.
Tarsous	MAZOILHIER.
Rhôdes	A. PRUS.
Oran	DEYGOUTIERA.
Alger	DE CHAMBURE.
Stora	DENOBELLY.
Bône	CHIRAC.
Tunis	VALENSI.

A **Lyon**........ MM. AUDRIEU, place des Terreaux.

Londres.... LIGHTLY et SIMON, 123, Fenchurch street.

Liverpool... G.-H. FLETCHER et Cie, 11, Covent Garden

NOMS ET FORCE DES PAQUEBOTS.

1	**EUPHRATE**..	à hélice	300	chevaux,
2	**GANGE**............	»	300	»
3	**INDUS**..	»	300	»
4	**THABOR**	à roues	370	»
5	**SINAÏ**..............	»	370	»
6	**CARMEL**	»	370	»
7	**DANUBE**............	à hélice	370	»
8	**SIMOÏS**..............	»	250	»
9	**HYDASPE**....... ..	»	250	»
10	**MERSEY**.	»	250	»
11	**JOURDAIN**	»	270	»
12	**MÉANDRE**..........	»	250	»
13	**BORYSTHÈNE**......	»	250	»
14	**TAMISE**............	»	200	»
15	**CLYDE**.............	»	200	»
16	**MITIDJAH**..........	»	200	»
17	**CHÉLIFF**...........	»	200	»
18	**ALEXANDRE**	à roues	220	»
19	**CAIRE**.............	»	220	»
20	**EGYPTUS**..........	»	220	»
21	**LOUQSOR**..........	»	220	»
	A reporter....		5,580	chevaux.
	Report.....		5,580	chevaux.
22	**NIL**...............	»	220	»
23	**OSIRIS**.............	»	220	»
24	**CAPITOLE**..........	»	200	»
25	**VATICAN**.	»	200	»
26	**HELLESPONT**......	»	180	»
27	**BOSPHORE**.........	»	180	»
28	**ORONTE**..	»	180	»
29	**MÉROVÉE**..........	»	180	»
30	**PHILIPPE-AUGUSTE**	»	180	»
31	**AMSTERDAM**.......	»	180	»
32	**TAGE**.	»	180	»
33	**SPHINX**...........	»	160	»
34	**LÉONIDAS**.........	»	160	»
35	**LYCURGUE**.........	»	160	»
36	**MENTOR**	»	160	»
37	**SCAMANDRE**....... ..	»	160	»
38	**TANCRÈDE**.........	»	160	»
39	**TÉLÉMAQUE**	»	160	»
40	**PÉRICLÈS**..........	»	120	»
41	**PHARAMOND**.......	»	120	»
	Total....		9,040	chevaux.

EN CONSTRUCTION.

42	**CYDNUS**....................................	à hélice	370	chevaux
43	**PHASE**......................................	»	370	»
44	**HERMUS**....................................	»	250	»
45	**CÉPHISE**...................................	»	250	»
46	**AVENTIN**	à roues	160	»
	Total..........		1400	chevaux.

ITINÉRAIRE DE LA LIGNE D'ITALIE.

(Ligne Réglementaire.)

Stations.	NOMBRE de milles à parcourir.	NOMBRE d'heures à employer.	DATES des arrivées.	HEURES des arrivées.	DATES des départs.	HEURES des départs.	DURÉE de la station.	Observations.
MARSEILLE	»	»	»	»	Lundi.	11 h. m.	»	
GÊNES	204	23	Mardi.	10 h. m.	Mardi.	8 h. s.	10 h.	
LIVOURNE	81	9	Mercredi.	5 h. m.	Mercredi.	5 h. s.	12 h.	
CIVITA-VECCHIA	120	13	Jeudi.	6 h. m.	Jeudi.	2 h. s.	8 h.	
NAPLES	135	15	Vendredi.	5 h. m.	Vendredi	2 h. s.	9 h.	
MESSINE	180	20	Samedi.	10 h. m.	Samedi.	3 h. s.	5 h.	
MALTE	150	17	Dimanche.	8 h. m.	»	»	98 h.	Coïncidence avec les bateaux des lignes du Levant et d'Egypte.
MALTE	»	»	»	»	Jeudi.	10 h. m.	»	Coïncidence avec les bat. ven. de Constantinople et d'Alexandrie.
MESSINE	150	17	Vendredi.	3 h. m.	Vendredi.	12 h. m.	9 h.	
NAPLES	180	20	Samedi.	8 h. m.	Samedi.	4 h. s.	8 h.	
CIVITA-VECCHIA	135	15	Dimanche.	7 h. m.	Dimanche.	4 h. s.	9 h.	
LIVOURNE	120	13	Lundi.	5 h. m.	Lundi.	5 h. s.	12 h.	
GÊNES	81	9	Mardi.	2 h. m.	Mardi.	2 h. s.	12 h.	
MARSEILLE	204	23	Mercredi.	1 h. s.	»	»	»	

ITINÉRAIRE DE LA LIGNE DIRECTE D'ITALIE.

Stations.	NOMBRE de milles à parcourir.	NOMBRE d'heures à employer.	DATES des arrivées.	HEURES des arrivées.	DATES des départs.	HEURES des départs.	DURÉE de la station.
MARSEILLE	»	»	»	»	Vendredi.	6 h. m.	»
CIVITA-VECCHIA	297	33	Samedi.	3 h. s.	Samedi.	6 h. s.	3 h.
NAPLES	135	15	Dimanche.	9 h. m.	»	»	4 j. 7 h.
NAPLES	»	»	»	»	Jeudi.	4 h. s.	»
CIVITA-VECCHIA	135	15	Vendredi.	7 h. m.	Vendredi.	10 h. m.	3 h.
MARSEILLE	297	33	Samedi.	9 h. s.	»	»	»

ITINÉRAIRE DE LA LIGNE DU LEVANT (direct).

Stations.	NOMBRE de milles à parcourir.	NOMBRE d'heures à employer.	DATES des arrivées.	HEURES des arrivées.	DATES des départs.	HEURES des départs.	DURÉE de la station.	Observations.
MARSEILLE.........	»	»	»	»	Lundi.	6 h. s.	»	Le départ de Marseille a lieu à 4 heures du soir en hiver.
MESSINE............	572	63	Jeudi.	9 h. m.	Jeudi.	6 h. s.	12 h.	
PYRÉE..............	512	57	Dimanche	3 h. m.	Dimanche	2 h. s.	11 h.	Relâche sous vapeur à Gallipoli.
CONSTANTINOPLE.	357	40	Mardi.	6 h. m.	»	»	»	Coïncidence avec le bateau allant à Kamiesh.
CONSTANTINOPLE.	»	»	»	»	Lundi.	5 h. s.	»	Coïncidence avec le bateau venant de Kamiesh.
PYRÉE..............	357	40	Mercredi.	9 h. m.	Mercredi.	5 h. s.	8 h.	Relâche sous vapeur à Gallipoli.
MESSINE............	512	57	Samedi.	2 h. m.	Samedi.	2 h. s.	12 h.	
MARSEILLE.........	572	63	Mardi.	5 h. m.	»	»	»	

ITINÉRAIRE DE LA LIGNE DU LEVANT par MALTE.

Stations.	NOMBRE de milles à parcourir.	NOMBRE d'heures à employer.	DATES des arrivées.	HEURES des arrivées.	DATES des départs.	HEURES des départs.	DURÉE de la station.	Observations.
MARSEILLE.........	»	»	»	»	Jeudi.	10 h. m.	»	
MALTE..............	660	73	Dimanche	11 h. m.	Dimanche	6 h. s.	7 h.	Coïncidence avec le paquebot ven. d'Italie.
SYRA................	543	60	Mercredi.	6 h. m.	Mercredi.	2 h. s.	8 h.	
SMYRNE.............	456	17	Jeudi.	7 h. m.	Jeudi.	4 h. s.	9 h.	
MÉTÉLIN............	65	7	Jeudi.	11 h. s.	Vendredi.	1 h. m.	2 h.	
DARDANELLES.....	90	10	Vendredi.	11 h. m.	Vendredi.	midi.	1 h.	
GALLIPOLI.........	25	3	Vendredi.	3 h. s.	Vendredi.	5 h. s.	2 h.	
CONSTANTINOPLE.	120	13	Samedi.	6 h. m.	»	»	»	Coïncidence avec les paquebots allant à Varna et à Kamiesh.
CONSTANTINOPLE.	»	»	»	»	Jeudi.	5 h. s.	»	Coïncidence avec les paquebots venant de Varna et de Kamiesh.
GALLIPOLI.........	120	13	Vendredi.	6 h. m.	Vendredi.	8 h. m.	2 h.	
DARDANELLES.....	25	3	Vendredi.	11 h. m.	Vendredi.	1 h. s.	2 h.	
MÉTÉLIN............	90	10	Vendredi.	11 h. s.	Vendredi.	Minuit.	1 h.	
SMYRNE.............	65	7	Samedi.	7 h. m.	Samedi.	4 h. s.	9 h.	
SYRA................	456	17	Dimanche	9 h. m.	Dimanche	5 h. s.	8 h.	Coïncidence avec le paquebot du Pyrée.
MALTE..............	543	60	Mercredi.	5 h. m.	Mercredi.	2 h. s.	9 h.	Coïncidence avec le paquebot allant en Italie.
MARSEILLE.........	660	73	Samedi.	3 h. s.	»	»	»	

ITINÉRAIRE DE LA LIGNE D'ÉGYPTE.

(Départs chaque deux semaines.)

Stations.	NOMBRE de milles à parcourir.	NOMBRE d'heures à employer.	DATES des arrivées.	HEURES des arrivées.	DATES des départs.	HEURES des départs.	DURÉE de la station.	Observations.
MARSEILLE.........	»	»	»	»	Jeudi.	9 h. m.	»	
MALTE..............	660	73	Dimanche	10 h. m.	Dimanche	5 h. s.	7 h.	
ALEXANDRIE.......	840	93	Jeudi.	2 h. s.	»	»	»	Coïncidence avec la ligne de Syrie à l'arrivée et au départ.
ALEXANDRIE.......	»	»	»	»	Samedi.	5 h. s.	»	
MALTE..............	840	93	Mercredi.	2 h. s.	Jeudi.	10 h. m.	20 h.	
MARSEILLE.........	660	73	Dimanche	11 h. m.	»	»	»	

ITINÉRAIRE DE LA LIGNE DE SYRIE.

(Départs chaque deux semaines.)

Stations.	NOMBRE de milles à parcourir.	NOMBRE d'heures à employer.	DATES des arrivées.	HEURES des arrivées.	DATES des départs	HEURES des départs.	DURÉE de la station.	Observations.
CONSTANTINOPLE.	»	»	»	»	Vendredi.	5 h. s.	»	
GALLIPOLI	120	16	Samedi.	9 h. m.	Samedi.	10 h. m.	1 h.	
DARDANELLES.....	25	3	Samedi.	1 h. s.	Samedi.	2 h. s.	1 h.	Sous vapeur.
MÉTÉLIN............	90	12	Dimanche	2 h. m.	Dimanche	3 h. m.	1 h.	
SMYRNE............	65	9	Dimanche	Midi.	Dimanche	8 h. s	8 h.	
RHODES............	246	33	Mardi.	5 h. m.	Mardi.	Midi.	7 h.	
MERSINA............	345	46	Jeudi.	10 h. m.	Jeudi.	6 h. s.	8 h.	
ALEXANDRETTE ...	63	8	Vendredi.	2 h. m.	Vendredi.	6 h. s.	16 h.	
LATTAQUIÉ	75	10	Samedi.	4 h. m.	Samedi.	9 h. m.	5 h.	
TRIPOLI............	63	8	Samedi.	5 h. s	Samedi.	8 h. s.	3 h.	
BEYROUTH	48	7	Dimanche	3 h. m.	Lundi.	4 h. s.	37 h.	
JAFFA	120	16	Mardi.	8 h. m.	Mardi.	6 h. s.	10 h.	
ALEXANDRIE.......	270	36	Jeudi.	6 h. m.	»	»	35 h.	Coïncidence avec la ligne d'Égypte.
ALEXANDRIE.......	»	»	»	»	Vendredi.	5 h. s.	»	
JAFFA	270	36	Dimanche	5 h. m.	Dimanche	3 h. s.	10 h.	
BEYROUTH	120	16	Lundi.	7 h. m.	Mardi.	10 h. m.	27 h.	
TRIPOLI............	48	7	Mardi.	5 h. s.	Mardi.	8 h. s.	3 h.	
LATTAQUIÉ	63	8	Mercredi.	4 h. m.	Mercredi.	6 h. s.	14 h.	
ALEXANDRETTE ...	75	10	Jeudi.	4 h. m.	Jeudi.	8 h. s.	16 h.	
MERSINA............	63	8	Vendredi.	4 h. m.	Vendredi.	Midi.	8 h.	
RHODES............	345	46	Dimanche	10 h. m.	Dimanche	5 h. s.	7 h.	
SMYRNE............	246	33	Mardi.	2 h. m.	Mardi.	5 h. s.	15 h.	
MÉTÉLIN............	65	9	Mercredi.	2 h. m.	Mercredi.	3 h. m.	1 h.	
DARDANELLES.....	90	12	Mercredi.	3 h. s.	Mercredi.	4 h. s.	1 h.	Sous vapeur.
GALLIPOLI	25	3	Mercredi.	7 h. s.	Mercredi.	8 h. s.	1 h.	
CONSTANTINOPLE.	120	16	Jeudi.	Midi.	»	»	»	

ITINÉRAIRE DE LA LIGNE DE GRÈCE.

Stations.	NOMBRE de milles à parcourir.	NOMBRE d'heures à employer.	DATES des arrivées.	HEURES des arrivées.	DATES des départs.	HEURES des départs.	DURÉE de la station.	**Observations.**
SYRA	»	»	»	»	Dimanche	6 h. s.		Coïncidence avec le bateau allant en France.
PYRÉE	80	9	Lundi.	3 h. m.	Lundi.	10 h. m,		
SALONIQUE	270	30	Mardi.	4 h. s.	Mercredi.	4 h. s.		
PYRÉE	270	30	Jeudi.	10 h. s.	Samedi.	6 h. s.		
SYRA	80	9	Dimanche	3 h. m.	»	»		
SYRA	»	»	»	»	Dimanche	6 h. s.		Coïncidence avec le paquebot venant de Constantinople.
PYRÉE	80	9	Lundi.	3 h. m.	Lundi.	7 h. m.		
NAUPLIE	80	9	Lundi.	4 h. s.	Mardi.	4 h. s.		
PYRÉE	80	9	Mercredi.	4 h. m.	Samedi.	6 h. s.		
SYRA	80	9	Dimanche	3 h. m.	»	»		

NOTA. Les départs auront lieu du Pyrée chaque deux semaines pour Salonique, et chaque deux semaines pour Nauplie.

ITINÉRAIRE DES LIGNES DE LA MER NOIRE.

Stations	NOMBRE de milles à parcourir.	NOMBRE d'heures à employer.	DATES des arrivées.	HEURES des arrivées.	DATES des départs.	HEURES des départs.	DURÉE de la station.	Observations.
CONSTANTINOPLE	»	»	»	»	Samedi.	2 h. s.		
VARNA	147	16	Dimanche	6 h. m.	Mercredi.	2 h. s.		
CONSTANTINOPLE	147	16	Jeudi.	6 h. m.	»	»		Coïncidence avec le bateau allant en France.
CONSTANTINOPLE	»	»	»	»	Mardi. / Samedi.	2 h. s.		
CRIMÉE (Kamiesh)	294	37	Jeudi. / Lundi.	3 h. m.	Samedi. / Mardi.	5 h. s.		
CONSTANTINOPLE	294	37	Lundi. / Jeudi.	6 h. m.	»	»		Coïncidence avec les bateaux allant en France.

ITINÉRAIRE DE LA LIGNE D'ALGER.

Stations.	NOMBRE de milles à parcourir.	NOMBRE d'heures à employer.	DATES des arrivées.	HEURES des arrivées.	DATES des départs.	HEURES des départs.	DURÉE de la station.	Observations.
MARSEILLE	»	»	»	»	5, 10, 15, 20, 25, 30.	Midi.	»	
ALGER	405	50	2, 7, 12, 17, 22, 27.	2 h. s.	5, 10, 15, 20, 25, 30.	Midi.	2 j. 22 h	
MARSEILLE	405	50	2, 7, 12, 17, 22, 27.	2 h. s.	»	»	»	

ITINÉRAIRE DE LA LIGNE D'ORAN.

Stations.	NOMBRE de milles à parcourir.	NOMBRE d'heures à employer.	DATES des arrivées.	HEURES des arrivées.	DATES des départs.	HEURES des départs.	DURÉE de la station.	Observations.
MARSEILLE	»	»	»	»	3, 13, 23.	Midi.	»	
ORAN	540	70	6, 16, 26.	10 h. m.	8, 18, 28.	Midi.	»	
MARSEILLE	540	70	11, 21, 1.	10 h. m.	»	»	2 j. 2 h.	

ITINÉRAIRE DE LA LIGNE DE TUNIS.

Stations.	NOMBRE de milles à parcourir.	NOMBRE d'heures à employer.	DATES des arrivées.	HEURES des arrivées.	DATES des départs.	HEURES des départs.	DURÉE de la station.	Observations.
MARSEILLE	»	»	»	»	8, 18, 28.	Midi.	»	
STORA	393	60	10, 20, 30.	Minuit.	12, 22, 2.	6 h. s.	1 j. 18 h	
BÔNE	50	7	13, 23, 3.	1 h. m.	13, 23, 3.	6 h. s.	17 h.	
TUNIS	160	21	14, 24, 4,	3 h. s.	»	»	3 j. 4 h.	
TUNIS	»	»	»	»	18, 28, 8.	Midi.	»	
BÔNE	160	21	19, 29, 9.	9 h. m.	20, 30, 10.	6 h. s.	1 j. 9 h.	
STORA	50	7	21, 1, 11.	1 h. m.	23, 3, 13.	Midi.	2 j. 11 h	
MARSEILLE	393	60	25, 5, 15.	Minuit.	»	»	»	

TARIF.

OBSERVATIONS.

Nourriture. — Le prix de la nourriture des voyageurs de 1re et de 2me classe est compris dans le montant du prix de passage. Il est invariable quel que soit le nombre des jours ou des heures de la traversée.

Les passagers de 3me et 4me classe traitent de gré à gré pour leur nourriture avec le restaurateur du bord.

Bagages.— Il est accordé à chaque Voyageur sur ses bagages une franchise de poids de 100 kilog. pour les premières, 60 kil. pour les deuxièmes, et 30 kil. pour les troisièmes. L'excédant est payé suivant le tarif de chaque localité.

Enfants. — Les enfants de deux à dix ans paient moitié place et moitié nourriture. Ils doivent coucher avec les personnes qui les accompagnent. Il est accordé un lit pour deux enfants. Ceux au-dessous de deux ans sont admis gratis.

Voitures et Chevaux.— Le transport des Voitures et des Chevaux a lieu d'après le tarif établi pour chaque localité. Les Chiens doivent être muselés et attachés sur le pont. Le prix de leur transport est fixé à 10 francs pour toute destination.

Passeports.— MM. les Voyageurs qui prennent passage sur les Paquebots-Poste doivent se présenter la veille du jour fixé pour le départ, dans l'après-midi, au bureau de la Compagnie, à Marseille, place Royale, 1, pour y déposer leurs passeports. Les Agents de la Compagnie se chargent gratuitement de toutes les formalités à accomplir à Marseille pour l'embarquement, ainsi que des démarches auprès des différents consulats pour l'obtention des visa nécessaires. — Le déboursé du prix des visa est seul réclamé aux Voyageurs.

Voyages par escale.— MM. les Voyageurs ont la faculté de s'arrêter dans un ou plusieurs ports intermédiaires, et de continuer leur voyage par les Paquebots suivants de la Compagnie, dans le délai de quatre mois.

Billets de Retour.— Ceux de MM. les Voyageurs qui acquitteront d'avance les prix des voyages d'aller et de retour, jouiront d'une remise de 20 0/0 sur le tout. Cette remise n'est pas faite sur les lignes d'Algérie. Les billets de retour sont valables pour quatre mois.

Billets de Famille.— Les Familles composées de trois personnes au moins jouiront également de la remise de 20 0/0. Dans le cas de combinaison de *famille* et *retour*, la réduction sera de 30 0/0.

Les remises relatives aux billets de *famille* sont faites sur les lignes de l'Algérie aux familles composées de trois personnes portant le même nom.

La bonification de 30 0/0 ou de 20 0/0 ne porte que sur le prix proprement dit du passage et non sur la portion de ce prix qui représente les frais de nourriture.

L'arrière du bâtiment est exclusivement destiné aux Voyageurs de 1re classe, qui peuvent d'ailleurs se promener dans toute la longueur du navire.

MM. les Voyageurs ne peuvent entrer dans la chambre des Dames. Chaque cabine est réservée à l'usage exclusif de ceux qui l'ont louée.

Les domestiques qui occuperont des couchettes de 2me classe ne pourront prendre leurs repas à la table commune de cette classe. Dans le cas où d'une classe inférieure ils passeraient aux premières pour le service de leurs maîtres, ils n'y pourront rester que le temps rigoureusement nécessaire.

TRANSPORT DES BAGAGES.

	Alger.	Oran.	Stora.	Bône.	Tunis.	Gênes.	Livourne.	Civita-Vecchia.	Naples.	Messine.	Malte.	Syra.	Pyrée.	Smyrne.	Mételin.	Dardanelles.	Gallipoli.	Constantinople.	Varna.	Kamiesch.	Alexandrie.	Jaffa.	Beyrouth.	Tripoli. Lattaquié.	Alexandrette.	Mersina.	Rhodes.
Marseille.	10	10	10	10	10	10	10	15	20	20	20	25	25	25	25	25	25	30	35	35	30	35	35	35	35	35	35
Alger....		20	20	20	20	15	15	20	25	25	25	30	30	30	30	30	30	35	35	35	30	35	35	35	35	35	35
Oran....			20	20	20	15	15	20	25	25	25	30	30	30	30	30	30	35	35	35	30	35	35	35	35	35	35
Stora....				5	5	15	15	20	25	25	25	30	30	30	30	30	30	35	35	35	30	35	35	35	35	35	35
Bône.....					5	15	15	20	25	25	25	30	30	30	30	30	30	35	35	35	30	35	35	35	35	35	35
Tunis....						15	15	20	25	25	25	30	30	30	30	30	30	35	35	35	30	35	35	35	35	35	35
Gênes.....							5	5	10	15	20	25	25	25	25	25	25	30	35	35	30	35	35	35	35	35	35
Livourne...								5	10	15	20	25	25	25	25	25	25	30	35	35	30	35	35	35	35	35	35
Civita-Vecchia.									5	10	15	25	25	25	25	25	25	30	35	35	30	35	35	35	35	35	35
Naples......										—	10	25	25	25	25	25	25	30	35	35	25	30	30	30	30	30	30
Messine.....											5	15	15	20	20	25	25	30	35	35	25	30	30	30	30	30	30
Malte......												10	10	15	15	20	20	25	30	30	20	25	25	25	25	25	25
Syra......													5	5	5	10	10	15	20	20	25	25	25	20	20	15	10
Pyrée.....														5	5	10	10	15	20	20	25	25	25	20	20	15	10
Smyrne....															5	5	10	15	20	20	20	20	20	15	15	10	5
Mételin.....																5	5	10	15	15	25	25	25	20	20	15	10
Dardanelles..																	5	5	10	15	25	25	25	20	20	15	10
Gallipoli......																		5	10	15	25	25	25	20	20	15	10
Constantinople.																			10	15	25	25	25	20	20	15	10
Varna........																				15	25	25	25	20	20	15	10
Kamiesch.....																					25	25	25	20	20	15	10
Alexandrie...																						5	5	5	10	10	10
Jaffa........																							5	5	5	10	10
Beyrouth......																								5	5	5	10
Lattaquié et Tripoli.																									5	5	10
Alexandrette.....																										5	10
Mersina..																											5

POUR LE TRANSPORT DE LEURS BAGAGES :

Les voyageurs de 1re classe jouissent d'une franchise de kil. 100
— de 2e — — kil. 60
— de 3e — — kil. } 30
— de 4e — — kil. }

Les passagers du Gouvernement, pour l'Algérie. — { kil. 125 à la 1re classe. — kil. 100 à la 2e — kil. 60 à la 3e — kil. 35 à la 4e — } L'excédant au prix du tarif.

— — pour Constantinople { kil. 250 à la 1re — kil. 200 à la 2e — kil. 60 à la 3e — kil. 35 à la 4e — } L'excédant à 20 Fr. les 100 kil.

De Marseille	1re Classe.				2e Classe.				3e Classe.			Pont.		
	Passa.	Nourr.	Jet	Total.	Passa.	Nourr.	Jet	Total.	Passa.	Jet	Total.	Passa.	Jet	Total.
A Alger	80	12	3	95	60	8	3	71	»	»	»	25	2	27
Oran	122	18	3	143	98	12	3	113	»	»	»	50	2	52
Stora	103	12	3	118	82	8	3	93	»	»	»	30	2	32
Bône	118	12	3	133	92	8	3	103	»	»	»	35	2	37
Tunis	127	18	3	148	103	12	3	118	»	»	»	55	2	57
Gênes	63	8	5	76	47	6	5	58	32	5	37	16	5	21
Livourne	77	16	5	98	54	12	5	71	36	5	41	23	5	28
Civita-Vecchia	104	24	5	133	72	18	5	95	52	5	57	33	5	38
Naples	144	32	5	181	99	24	5	128	72	5	77	45	5	50
Messine par Italie	191	40	5	236	131	30	5	166	96	5	101	48	5	53
Id. direct	191	24	5	220	131	18	5	154	96	5	101	48	5	53
Malte par Italie	210	48	5	263	158	36	5	199	105	5	110	53	5	58
Id. direct	210	27	5	242	158	20	5	183	105	5	110	53	5	58
Syra	310	48	5	363	213	36	5	254	155	5	160	97	5	102
Smyrne	352	56	5	413	242	42	5	289	176	5	181	110	5	115
Mételin	368	64	5	437	253	48	5	306	184	5	189	115	5	120
Dardanelles	390	67	5	462	268	50	5	323	196	5	201	119	5	124
Gallipoli	396	67	5	468	273	50	5	328	198	5	203	119	5	124
Constantinople direct	403	64	5	472	284	48	5	337	213	5	218	119	5	124
Id. par Malte	401	72	5	478	294	54	5	353	214	5	219	119	5	124
Pyrée par Messine	354	48	5	407	265	36	5	306	177	5	182	89	5	94
Hydra id. et Pyrée	364	51	5	420	273	38	5	316	183	5	188	92	5	97
Spezzia id. id.	368	51	5	424	276	38	5	319	185	5	190	93	5	98
Nauplie id. id.	375	56	5	436	281	42	5	323	188	5	193	95	5	100
Salonique id. id.	412	64	5	481	306	48	5	359	204	5	209	107	5	112
Varna par Malte	462	77	5	544	343	58	5	406	251	5	256	144	5	149
Id. par Messine	464	69	5	538	333	52	5	390	250	5	255	144	5	149
Kamiesch par Malte	524	85	5	614	392	64	5	461	288	5	293	168	5	173
Id. par Messine	526	77	5	608	382	58	5	445	287	5	292	168	5	173
Alexandrie	400	64	5	469	275	48	5	328	200	5	205	100	5	105
Jaffa par Alexandrie	458	85	5	548	316	64	5	385	231	5	236	118	5	123
Beyrouth id.	484	93	5	582	334	70	5	409	245	5	250	125	5	130
Tripoli id.	493	104	5	602	341	78	5	424	250	5	255	128	5	133
Lattaquié id.	507	109	5	621	351	82	5	438	257	5	262	132	5	137
Alexandrette id.	523	117	5	645	362	88	5	455	266	5	271	136	5	141
Mersina id.	537	125	5	667	371	94	5	470	272	5	277	140	5	145
Rhodes id.	548	144	5	697	374	108	5	487	275	5	280	142	5	147
Id. par Smyrne	400	64	5	469	276	48	5	329	202	5	207	125	5	130

N. B. La nourriture pendant le séjour à Constantinople des passagers se rendant à Varna (voie de Messine). demeure à leur charge.

La nourriture pendant le séjour au Pyrée des passagers se rendant en Grèce et à Salonique, demeure à leur charge

D'Alger	1re Classe.				2e Classe.				3e Classe			Pont.		
	Passa.	Nourr.	Jet	Total.	Passa.	Nourr.	Jet	To tal.	Passa.	Jet	Total.	Passa.	Jet	Total.
A Gênes	135	20	5	160	101	14	5	120	55	5	60	39	5	44
Livourne	149	28	5	182	108	20	5	133	59	5	64	46	5	51
Civita-Vecchia	176	36	5	217	126	26	5	157	75	5	80	56	5	61
Naples	216	44	5	265	153	32	5	190	95	5	100	68	5	73
Messine par Italie	263	52	5	320	185	38	5	228	119	5	124	71	5	76
Id. direct	263	36	5	304	185	26	5	216	119	5	124	71	5	76
Malte par Italie	282	60	5	347	212	44	5	261	128	5	133	76	5	81
Id. direct	282	44	5	331	212	32	5	249	128	5	133	76	5	81
Syra	382	60	5	447	267	44	5	316	178	5	183	120	5	125
Smyrne	424	68	5	497	296	50	5	351	199	5	204	133	5	138
Mételin	440	76	5	521	307	56	5	368	207	5	212	138	5	143
Dardanelles	462	79	5	546	322	58	5	385	219	5	224	142	5	147
Gallipoli	468	79	5	552	327	58	5	390	221	5	226	142	5	147
Constantinople direct	475	76	5	556	338	56	5	399	236	5	241	142	5	147
Id. par Malte.	473	84	5	562	348	62	5	415	237	5	242	142	5	147
Pyrée par Messine	426	60	5	491	319	44	5	368	200	5	205	112	5	117
Hydra id. et Pyrée	436	63	5	504	327	46	5	378	206	5	211	115	5	120
Spezzia id. id.	440	63	5	508	330	46	5	381	208	5	213	116	5	121
Nauplie id. id.	447	68	5	520	335	50	5	390	211	5	216	118	5	123
Salonique id. id.	484	76	5	565	360	56	5	421	227	5	232	130	5	135
Varna par Malte	534	89	5	628	397	66	5	468	274	5	279	167	5	172
Id. par Messine	536	81	5	622	387	60	5	452	273	5	278	167	5	172
Kamiesch par Malte	596	97	5	698	446	72	5	523	311	5	316	191	5	196
Id. par Messine	598	89	5	692	436	66	5	507	310	5	315	191	5	196
Alexandrie	472	76	5	553	329	56	5	390	223	5	228	123	5	128
Jaffa par Alexandrie	530	97	5	632	370	72	5	447	254	5	259	141	5	146
Beyrouth id.	556	105	5	666	388	78	5	471	268	5	273	148	5	153
Tripoli id.	565	116	5	686	395	86	5	486	273	5	278	151	5	156
Lattaquié id.	579	121	5	705	405	90	5	500	280	5	285	155	5	160
Alexandrette id.	595	129	5	729	416	96	5	517	289	5	294	159	5	164
Mersina id.	609	137	5	751	425	102	5	532	295	5	300	163	5	168
Rhodes id.	620	156	5	781	428	116	5	549	298	5	303	165	5	170
Id. par Smyrne	472	76	5	553	330	56	5	391	225	5	230	148		153

N. B. La nourriture pendant le séjour à Marseille demeure à la charge des voyageurs.
Celle pendant le séjour à Smyrne des voyageurs allant en Syrie, demeure aussi à leur charge.
Celle pendant le séjour au Pyrée des voyageurs allant en Grèce et celle pendant le séjour à Constantinople de ceux allant à Varna ou Kamiesch, demeure à leur charge.
Les passagers de 3e classe n'ont droit qu'à une place de pont d'Alger à Marseille.

D'Oran	1re Classe.				2e Classe.				3e Classe.			Pont.		
	Passa.	Nourr.	Jet	Total.	Passa.	Nourr.	Jet	Total.	Passa.	Jet	Total	Passa.	Jet	Total
A Gênes	173	26	5	204	136	18	5	159	77	5	82	61	5	66
Livourne	187	34	5	226	143	24	5	172	81	5	86	68	5	73
Civita-Vecchia	214	42	5	261	161	30	5	196	97	5	102	78	5	83
Naples	254	50	5	309	188	36	5	229	117	5	122	90	5	95
Messine par Italie	301	58	5	364	220	42	5	267	141	5	146	93	5	98
Id. direct	301	42	5	348	220	30	5	255	141	5	146	93	5	98
Malte par Italie	320	66	5	391	247	48	5	300	150	5	155	98	5	103
Id. direct	320	50	5	375	247	36	5	288	150	5	155	98	5	103
Syra par Malte direct	420	66	5	491	302	48	5	355	200	5	205	142	5	147
Smyrne id.	462	74	5	541	331	54	5	390	221	5	226	155	5	160
Mételin id.	478	82	5	565	342	60	5	407	229	5	234	160	5	165
Dardanelles id.	500	85	5	590	357	62	5	424	241	5	246	164	5	169
Gallipoli id.	506	85	5	596	362	62	5	429	243	5	248	164	5	169
Constantinople direct	513	82	5	600	373	60	5	438	258	5	263	164	5	169
Id. par Malte.	511	90	5	606	383	66	5	454	259	5	264	164	5	169
Pyrée par Messine	464	66	5	535	354	48	5	407	222	5	227	134	5	139
Hydra id. et Pyrée.	474	69	5	548	362	50	5	417	228	5	233	137	5	142
Spezzia id. id.	478	69	5	552	365	50	5	420	230	5	235	138	5	143
Nauplie id. id.	485	74	5	564	370	54	5	429	233	5	238	140	5	145
Salonique id. id.	522	82	5	609	395	60	5	460	249	8	254	152	5	157
Varna par Malte	572	95	5	672	432	70	5	507	296	5	301	189	5	194
Id. par Messine	574	87	5	666	422	64	5	491	295	5	300	189	5	194
Kamiesch par Malte	634	103	5	742	481	76	5	562	333	5	338	213	5	218
Id. par Messine	636	95	5	736	471	70	5	546	332	5	337	213	5	218
Alexandrie	510	82	5	597	364	60	5	429	245	5	250	145	5	150
Jaffa par Alexandrie	568	103	5	676	405	76	5	486	276	5	281	163	5	168
Beyrouth id.	594	111	5	710	423	82	5	510	290	5	295	170	5	175
Tripoli id.	603	122	5	730	430	90	5	525	295	5	300	173	5	178
Lattaquié id.	617	127	5	749	440	94	5	539	302	5	307	177	5	182
Alexandrette id.	633	135	5	773	451	100	5	556	311	5	316	181	5	186
Mersina id.	647	143	5	795	460	106	8	571	317	5	322	185	5	190
Rhodes id.	658	162	5	825	463	120	5	588	320	5	325	187	5	192
Id par Smyrne	510	82	5	597	365	60	5	430	247	5	252	170	5	175

N. B. La nourriture pendant le séjour à Marseille
Id. id. à Smyrne des voyageurs allant en Syrie
Id. id. au Pyrée id. allant en Grèce ou Salonique
Id. id. à Constantinople id. allant à Varna ou Kamiesch
} demeure à leur charge.

Les passagers de 3e classe n'ont droit qu'à une place de pont d'Oran à Marseille.

De Stora	1re Classe.				2e Classe.				3e Classe.			Pont.		
	Passa.	Nourr.	Jet	Total.	Passa.	Nourr.	Jet	Total.	Passa.	Jet	Total.	Passa.	Jet	Total.
A Bône	15	4	»	19	10	2	»	12	»	»	»	»	»	6
Tunis	54	12	»	66	36	8	»	44	»	»	»	»	»	25
Gênes	156	20	5	181	121	14	5	140	59	5	64	43	5	48
Livourne	170	28	5	203	128	20	5	153	73	5	78	50	5	55
Civita-Vecchia	197	36	5	238	146	26	5	177	79	5	84	60	5	65
Naples	237	44	5	286	173	32	5	210	99	5	104	72	5	77
Messine par Italie	284	52	5	341	205	38	5	248	123	5	128	75	5	80
Id. direct	284	36	5	325	205	26	5	236	123	5	128	75	5	80
Malte par Italie	303	60	5	368	232	44	5	281	132	5	137	80	5	85
Id. direct	303	44	5	352	232	32	5	269	132	5	137	80	5	85
Syra par Malte direct	403	60	5	468	287	44	5	336	182	5	187	124	5	129
Smyrne id.	445	68	5	518	316	50	5	371	203	5	208	137	5	142
Mételin id.	461	76	5	542	327	56	5	388	211	5	216	142	5	147
Dardanelles id.	483	79	5	567	342	58	5	405	223	5	228	146	5	151
Gallipoli id.	489	79	5	573	347	58	5	410	225	5	230	146	5	151
Constantinople direct	496	76	5	577	358	56	5	419	240	5	245	146	5	151
Id. par Malte.	494	84	5	583	368	62	5	435	241	5	246	146	5	151
Pyrée par Messine	447	60	5	512	339	44	5	388	204	5	209	116	5	121
Hydra id. et Pyrée.	457	63	5	525	347	46	5	398	210	5	215	119	5	124
Spezzia id. id.	461	63	5	529	356	46	5	407	212	5	217	120	5	125
Nauplie id. id.	468	68	5	541	365	50	5	420	215	5	220	122	5	127
Salonique id. id.	505	76	5	586	380	56	5	441	231	5	236	134	5	139
Varna par Malte	555	89	5	649	417	66	5	488	278	5	283	171	5	176
Id. par Messine	557	81	5	643	407	60	5	472	277	5	282	171	5	176
Kamiesch par Malte	617	97	5	719	466	72	5	543	315	5	320	195	5	200
Id. par Messine	619	89	5	713	456	66	5	527	314	5	319	195	5	200
Alexandrie	493	76	5	574	349	56	5	410	227	5	232	127	5	132
Jaffa par Alexandrie	551	97	5	653	390	72	5	467	258	5	263	145	5	150
Beyrouth id.	577	105	5	687	408	78	5	491	272	5	277	152	5	157
Tripoli id.	586	116	5	707	415	86	5	506	277	5	282	155	5	160
Lattaquié id.	600	121	5	726	425	90	5	520	284	5	289	159	5	164
Alexandrette id.	616	129	5	750	436	96	5	537	293	5	298	163	5	168
Mersina id.	630	137	5	772	445	102	5	552	299	5	304	167	5	172
Rhodes id.	641	156	5	802	448	116	5	569	302	5	307	169	5	174
Id. par Smyrne	493	76	5	574	350	56	5	411	229	5	234	152	5	157

N. B. La nourriture pendant le séjour à Marseille
Id. id. à Smyrne des voyageurs allant en Syrie
Id. id. au Pyrée id. en Grèce ou Salonique
Id. id. à Constantinople id. à Varna ou Kamiesch
} demeure à leur charge.

Les passagers de 3e classe n'ont droit qu'à une place de pont de Stora à Marseille.

De Bône	1re Classe.				2e Classe.				3e Classe.			Pont.		
	Passa.	Nourr.	Jet	Total.	Passa.	Nourr.	Jet	Total.	Passa.	Jet	Total.	Passa.	Jet	Total.
A TUNIS	39	6	»	45	26	4	»	30	»	»	»	»	»	19
GÊNES	170	20	5	195	130	14	5	149	64	5	69	48	5	53
LIVOURNE	184	28	5	217	137	20	5	162	68	5	73	55	5	60
CIVITA-VECCHIA	211	36	5	252	155	26	5	186	84	5	89	65	5	70
NAPLES	251	44	5	300	182	32	5	219	104	5	109	77	5	82
MESSINE par Italie	298	52	5	355	214	38	5	257	128	5	133	80	5	85
Id. direct	298	36	5	339	214	26	5	245	128	5	133	80	5	85
MALTE par Italie	317	60	5	382	241	44	5	290	137	5	142	85	5	90
Id. direct	317	44	5	366	241	32	5	278	137	5	142	85	5	90
SYRA par Malte	373	60	5	438	260	44	5	309	187	5	192	113	5	118
SMYRNE id.	415	68	5	488	289	50	5	344	208	5	213	126	5	131
MÉTELIN id.	431	76	5	512	300	56	5	361	216	5	221	131	5	136
DARDANELLES id.	453	79	5	537	315	58	5	378	228	5	233	135	5	140
GALLIPOLI	459	79	5	543	320	58	5	383	230	5	235	135	5	140
CONSTANTINOPLE direct	466	76	5	547	331	56	5	392	245	5	250	135	5	140
Id. par Malte	464	84	5	553	341	62	5	408	246	5	251	135	5	140
PYRÉE par Messine	417	60	5	482	312	44	5	361	209	5	214	105	5	110
HYDRA id. et Pyrée	427	63	5	495	320	46	5	371	215	5	220	108	5	113
SPEZZIA id. id.	432	63	5	500	324	46	5	375	217	5	222	109	5	114
NAUPLIE id. id.	438	68	5	511	328	50	5	383	220	5	225	111	5	116
SALONIQUE id. id.	475	76	5	556	353	56	5	414	236	5	241	123	5	128
VARNA par Malte	525	89	5	619	390	66	5	461	283	5	288	160	5	165
Id. par Messine	527	81	5	613	380	60	5	445	282	5	287	160	5	165
KAMIESCH par Malte	587	97	5	689	439	72	5	516	320	5	325	184	5	189
Id. par Messine	589	89	5	683	429	66	5	500	319	5	324	184	5	189
ALEXANDRIE	463	76	5	544	322	56	5	383	232	5	237	116	5	121
JAFFA par Alexandrie	521	97	5	623	363	72	5	440	263	5	268	134	5	139
BEYROUTH id.	547	105	5	657	381	78	5	464	277	5	282	141	5	146
TRIPOLI id.	558	116	5	679	388	86	5	479	282	5	287	144	5	149
LATTAQUIÉ id.	570	121	5	696	398	90	5	493	289	5	294	148	5	153
ALEXANDRETTE id.	586	129	5	720	409	96	5	510	298	5	303	152	5	157
MERSINA id.	600	137	5	742	418	102	5	525	304	5	309	156	5	161
RHODES id.	611	156	5	772	421	116	5	542	307	5	312	158	5	163
Id. par Smyrne	463	76	5	544	323	56	5	384	234	5	239	141	5	146

N. B. La nourriture pendant le séjour à Marseille
Id. id. à Smyrne des voyageurs allant en Syrie
Id. id. au Pyrée id. en Grèce ou Salonique
Id. id. à Constantinople id. à Varna ou Kamiesch
} demeure à leur charge.

Les passagers de 3e classe n'ont droit qu'à une place de pont de Bône à Marseille.

De Tunis	1re Classe.				2e Classe.				3e Classe.			Pont		
	Passa.	Nourr.	Jet	Total.	Passa.	Nourr.	Jet	Total.	Passa.	Jet	Total.	Passa.	Jet	Total.
A Gênes	178	26	5	209	140	18	5	163	82	5	87	66	5	71
Livourne	192	34	5	231	147	24	5	176	86	5	91	73	5	78
Civita-Vecchia	219	42	5	266	165	30	5	200	102	5	107	83	5	88
Naples	259	50	5	314	192	36	5	233	122	5	127	95	5	100
Messine par Italie	306	58	5	369	224	42	5	271	146	5	151	98	5	103
Id. direct	306	42	5	353	224	30	5	259	146	5	151	98	5	103
Malte par Italie	325	66	5	396	251	48	5	304	155	5	160	103	5	108
Id. direct	325	45	5	375	251	32	5	288	155	5	160	103	5	108
Syra par Malte	425	66	5	496	306	48	5	359	205	5	210	147	5	152
Smyrne id.	467	74	5	546	335	54	5	394	226	5	231	160	5	165
Mételin id.	483	82	5	570	346	60	5	411	234	5	239	165	5	170
Dardanelles id.	505	85	5	595	361	62	5	428	246	5	251	169	5	174
Gallipoli id.	511	85	5	601	366	62	5	433	248	5	253	169	5	174
Constantinople direct	518	82	5	605	377	60	5	442	263	5	268	169	5	174
Id. par Malte	516	90	5	611	387	66	5	458	264	5	269	169	5	174
Pyrée par Messine	469	66	5	540	358	48	5	411	227	5	232	139	5	144
Hydra id.	479	69	5	553	366	50	5	421	233	5	238	142	5	147
Spezzia id.	483	69	5	557	369	50	5	424	235	5	240	143	5	148
Nauplie id.	490	74	5	569	374	54	5	433	238	5	243	145	5	150
Salonique id.	527	82	5	614	399	60	5	464	254	5	259	157	5	162
Varna par Malte	577	95	5	677	436	70	5	511	301	5	306	194	5	199
Id. par Messine	579	87	5	671	426	64	5	495	300	5	305	194	5	199
Kamiesch par Malte	639	103	5	747	485	76	5	566	338	5	343	218	5	223
Id. par Messine	641	95	5	741	475	70	5	550	337	5	342	218	5	223
Alexandrie	515	82	5	602	368	60	5	433	250	5	255	150	5	155
Jaffa par Alexandrie	573	103	5	681	409	76	5	490	281	5	286	168	5	173
Beyrouth id.	599	111	5	715	427	82	5	514	295	5	300	175	5	180
Tripoli id.	608	122	5	735	434	90	5	529	300	5	305	178	5	183
Lattaquié id.	622	127	5	754	444	94	5	543	307	5	312	182	5	187
Alexandrette id.	638	135	5	778	455	100	5	560	316	5	321	186	5	191
Mersina id.	652	143	5	800	464	106	5	575	322	5	327	190	5	195
Rhodes id.	663	162	5	830	467	120	5	592	325	5	330	192	5	197
Id par Smyrne	515	82	5	602	369	60	5	434	252	5	257	175	5	180

N. B. La nourriture pendant le séjour à Marseille } demeure à leur charge.
Id. id. à Smyrne des voyageurs allant à Rhodes
Id. id. au Pyrée id. en Grèce ou à Salonique
Id. id. à Constantinople id. à Varna ou à Kamiesch

Les passagers de 3e classe n'ont droit qu'à une place de pont de Tunis à Marseille.

Tunis.

De Gênes	1re Classe.			2e Classe.			3e Classe.	Pont.
	Passage	Nourrit.	Total.	Passage.	Nourrit.	Total.	Passage.	Passage.
A Livourne	27	5	32	20	4	24	14	7
Civita-Vecchia	58	13	71	41	10	51	27	17
Naples	99	21	120	70	16	86	46	29
Messine	149	32	181	105	24	129	70	44
Malte	192	37	229	136	28	164	90	57
Syra par Malte	324	58	382	230	44	274	152	97
Smyrne Id.	357	66	423	249	50	299	173	110
Mételin Id.	373	74	447	260	56	316	181	114
Dardanelles Id.	382	77	459	262	58	320	193	122
Gallipoli Id.	387	77	464	266	58	324	195	123
Constantinople Id.	416	82	498	285	62	347	211	133
Pyrée Id.	340	66	406	241	50	291	160	102
Hydra Id.	353	69	422	251	52	303	167	106
Spezzia Id.	359	69	428	256	52	308	170	107
Nauplie Id.	368	74	442	262	56	318	174	109
Salonique Id.	417	82	499	295	62	357	196	125
Varna Id.	477	87	564	334	66	400	248	158
Kamiesch Id.	539	95	634	383	72	455	285	182
Alexandrie	397	69	466	277	52	329	193	122
Jaffa par Alexandrie	455	90	545	318	68	386	224	140
Beyrouth Id.	481	98	579	336	74	410	238	147
Tripoli Id.	490	109	599	343	82	425	243	150
Lattaquié Id.	504	114	618	353	86	439	250	154
Alexandrette Id.	520	122	642	364	92	456	259	158
Mersina Id.	534	130	664	373	98	471	265	162
Rhodes Id.	545	149	694	376	112	488	268	164
Id. par Smyrne	405	74	479	283	56	339	199	125

N. B. La nourriture pendant le séjour à Smyrne des voyageurs allant en Syrie
Id. id. à Syra et au Pyrée id. en Grèce et à Salonique
Id. id. à Constantinople id. à Varna et à Kamiesch
} demeure à leur charge

Gênes.

De Livourne	1re Classe.			2e Classe.			3e Classe.	Pont.
	Passage.	Nourrit.	Total.	Passage.	Nourrit.	Total.	Passage.	Passage.
A Civita-Vecchia	40	5	45	30	4	34	20	10
Naples	76	13	89	54	10	64	36	23
Messine	126	24	150	89	18	107	60	37
Malte	170	29	199	120	22	142	80	50
Syra par Malte	304	53	357	215	40	255	143	90
Smyrne Id.	337	61	398	234	46	280	164	103
Mételin Id.	353	69	422	245	52	297	172	107
Dardanelles Id.	362	72	434	247	54	301	184	115
Gallipoli Id.	367	72	439	251	54	305	186	116
Constantinople Id.	396	77	473	270	58	328	202	126
Pyrée Id.	320	61	381	226	46	272	151	95
Hydra Id.	333	64	397	236	48	284	158	99
Spezzia Id.	339	64	403	241	48	289	161	100
Nauplie Id.	348	69	417	247	52	299	165	112
Salonique Id.	397	77	474	280	58	338	187	118
Varna Id.	457	82	539	319	62	381	239	151
Kamiesch Id.	519	90	609	368	68	436	276	175
Alexandrie	377	64	441	262	48	310	184	115
Jaffa par Alexandrie	435	85	520	303	64	367	215	133
Beyrouth Id.	461	93	554	321	70	391	229	140
Tripoli Id.	470	104	574	328	78	406	234	143
Lattaquié Id.	484	109	593	338	82	420	241	147
Alexandrette Id.	500	117	617	349	88	437	250	151
Mersina Id.	514	125	639	358	94	452	256	155
Rhodes Id.	525	144	669	361	108	469	259	157
Id. par Smyrne	385	69	454	268	52	320	190	118

N. B. La nourriture pendant le séjour à Smyrne des voyageurs allant en Syrie
Id. id. à Syra et au Pyrée id. en Grèce et à Salonique
Id. id. à Constantinople id. à Varna et à Kamiesch
} demeure à leur charge.

Livourne.

De Civita-Vecchia	1re Classe.			2e Classe.			3e Classe.	Pont.
	Passage.	Nourrit.	Total.	Passage.	Nourrit.	Total.	Passage.	Passage.
A NAPLES	49	5	54	37	4	41	25	13
MESSINE	92	16	108	65	12	77	44	27
MALTE	136	21	157	96	16	112	64	40
SYRA par Malte	274	45	319	194	32	226	129	81
SMYRNE Id.	307	53	360	213	40	253	150	94
MÉTELIN Id.	323	61	384	224	46	270	158	98
DARDANELLES Id.	332	64	396	226	48	274	170	106
GALLIPOLI Id.	337	64	401	230	48	278	172	107
CONSTANTINOPLE Id.	366	69	435	249	52	301	188	117
PYRÉE Id.	290	53	343	205	40	245	137	86
HYDRA Id.	303	56	359	215	42	257	144	90
SPEZZIA Id.	309	56	365	220	42	262	147	91
NAUPLIE Id.	318	61	379	226	46	272	151	93
SALONIQUE Id.	367	69	436	259	52	311	173	109
VARNA Id.	427	74	501	298	56	354	225	142
KAMIESCH Id.	489	72	561	347	62	409	262	166
ALEXANDRIE	347	56	403	241	42	283	170	106
JAFFA par Alexandrie	405	77	482	282	58	340	201	124
BEYROUTH Id.	431	85	516	300	64	364	215	131
TRIPOLI Id.	440	96	536	307	72	379	220	134
LATTAQUIÉ Id.	454	101	555	317	76	393	227	138
ALEXANDRETTE Id.	470	109	579	328	82	410	236	142
MERSINA Id.	484	117	601	337	88	425	242	146
RHODES Id.	495	136	631	340	102	442	245	148
Id. par Smyrne	355	61	416	247	46	293	176	109

N. B. La nourriture pendant le séjour à Smyrne des voyageurs allant en Syrie
Id. id. à Syra et au Pyrée id. en Grèce et à Salonique
Id. id. à Constantinople id. à Varna et à Kamiesch
} demeure à leur charge.

De Naples	1re Classe.			2e Classe.			3e Classe.	Pont.
	Passage.	Nourrit.	Total.	Passage.	Nourrit.	Total.	Passage.	Passage.
A MALTE........................	110	13	123	83	10	93	55	28
SYRA par Malte............	250	37	287	182	28	210	121	71
SMYRNE Id.........	283	45	328	201	34	235	142	84
MÉTELIN Id.........	299	53	352	212	40	252	150	88
DARDANELLES Id.........	308	56	364	214	42	256	162	96
GALLIPOLI Id.........	313	56	369	218	42	260	164	97
CONSTANTINOPLE Id.........	342	61	403	237	46	283	180	107
PYRÉE Id.........	266	45	311	193	34	227	129	76
HYDRA Id.........	279	48	327	203	36	239	136	80
SPEZZIA Id.........	285	48	333	208	36	244	139	81
NAUPLIE Id.........	294	53	347	214	40	254	143	83
SALONIQUE Id.........	343	61	404	247	46	293	165	99
VARNA Id.........	403	66	469	286	50	336	217	132
KAMIESCH Id.........	465	74	539	335	56	391	254	156
ALEXANDRIE.................	323	48	371	229	36	265	162	96
JAFFA par Alexandrie.....	381	69	450	270	52	322	193	114
BEYROUTH Id.........	407	77	484	288	58	346	207	121
TRIPOLI Id.........	416	88	504	295	66	361	212	124
LATTAQUIÉ Id.........	430	93	523	305	70	375	219	128
ALEXANDRETTE Id.........	446	101	547	316	76	392	228	132
MERSINA Id.........	460	109	569	325	82	407	234	136
RHODES Id.........	471	128	599	328	96	424	237	138
Id. par Smyrne.....	331	53	384	235	40	275	168	99

N. B. La nourriture pendant le séjour à Smyrne des voyageurs allant en Syrie
Id. id. à Syra id. en Grèce et Salonique
Id. id. au Pyrée id. Id.
Id. id. à Constantinople id. à Varna et à Kamiesch
} demeure à leur charge.

De Messine	1re Classe.			2e Classe.			3e Classe.	Pont.
	Passage.	Nourrit.	Total.	Passage.	Nourrit.	Total.	Passage.	Passage.
A Malte	51	5	56	39	4	43	26	13
Syra par Pyrée	179	21	200	134	16	150	90	46
Smyrne par Malte	230	37	267	161	28	189	116	70
Mételin Id.	246	45	291	172	34	206	124	74
Dardanelles Id.	255	48	303	174	36	210	136	82
Gallipoli Id.	260	48	308	178	36	214	138	83
Constantinople direct	282	37	319	212	28	240	141	71
Pyrée Id.	163	21	184	123	16	139	82	41
Hydra par Pyrée	176	24	200	133	18	151	89	45
Spezzia Id.	182	24	206	138	18	156	92	46
Nauplie Id.	191	29	220	144	22	166	96	48
Salonique Id.	240	37	277	177	28	205	118	64
Varna	337	42	379	257	32	289	175	94
Kamiesch	393	50	443	301	38	339	208	116
Alexandrie	270	40	310	189	30	219	136	82
Jaffa par Alexandrie	328	61	389	230	46	276	167	100
Beyrouth Id.	354	69	423	248	52	300	181	107
Tripoli Id.	363	80	443	255	60	315	186	110
Lattaquié Id.	377	85	462	265	64	329	193	114
Alexandrette Id.	393	93	486	276	70	346	202	118
Mersina Id.	407	101	508	285	76	361	208	122
Rhodes Id.	418	120	538	288	90	378	211	124
Id. par Smyrne	278	45	323	195	34	229	142	85

N. B. La nourriture pendant le séjour à Smyrne des voyageurs allant en Syrie
Id. id. au Pyrée id en Grèce et Salonique
Id. id. à Constantinople id. à Varna et Kamiesch
} demeure à leur charge

Messine.

De Malte	1re Classe.			2e Classe.			3e Classe.	Pont.
	Passage.	Nourrit.	Total.	Passage.	Nourrit.	Total.	Passage.	Passage.
A SYRA	151	21	172	107	16	123	71	45
SMYRNE	184	29	213	126	22	148	92	58
MÉTELIN	200	37	237	137	28	165	100	62
DARDANELLES	209	40	249	139	30	169	112	70
GALLIPOLI	214	40	254	143	30	173	114	71
CONSTANTINOPLE	243	45	288	162	34	196	130	81
PYRÉE par Syra	167	29	196	118	22	140	79	50
HYDRA par Syra et Pyrée.	180	32	212	128	24	152	86	54
SPEZZIA Id. Id.	186	32	218	133	24	157	89	55
NAUPLIE Id. Id.	195	37	232	139	28	167	93	57
SALONIQUE Id. Id.	244	45	289	172	34	206	115	73
VARNA	304	50	354	211	38	249	167	106
KAMIESCH	366	58	424	260	44	304	204	130
ALEXANDRIE	224	32	256	154	24	178	112	70
JAFFA par Alexandrie	282	53	335	195	40	235	143	88
BEYROUTH Id.	308	61	369	213	46	259	157	95
TRIPOLI Id.	317	72	389	220	54	274	162	98
LATTAQUIÉ Id.	331	77	408	230	58	288	169	102
ALEXANDRETTE Id.	347	85	432	241	64	305	178	106
MERSINA Id.	361	93	454	250	70	320	184	110
RHODES Id.	372	112	484	253	84	337	187	112
Id. par Smyrne	232	37	269	160	28	188	118	73

N. B. La nourriture pendant le séjour à Syra et au Pyrée des voyageurs allant en Grèce ou à Salonique, et celle du séjour à Smyrne des voyageurs allant à Rhodes, demeurent à leur charge.

De Syra	1re Classe.			2e Classe.			3e Classe.	Pont.
	Passage.	Nourrit.	Total.	Passage.	Nourrit.	Total.	Passage.	Passage.
A SMYRNE	52	5	57	39	4	43	26	13
MÉTELIN	72	13	85	54	10	64	36	18
DARDANELLES	76	16	92	54	12	66	44	21
GALLIPOLI	81	16	97	54	12	66	44	22
CONSTANTINOPLE pr Smyrne	111	21	132	74	16	90	59	30
Id. par Pyrée.	119	13	132	90	10	100	60	30
PYRÉE	16	»	16	11	»	11	8	5
HYDRA	29	3	32	21	2	23	15	9
SPEZZIA	35	3	38	26	2	28	18	10
NAUPLIE	44	8	52	32	6	38	22	12
SALONIQUE	93	16	109	65	12	77	44	28
VARNA par Smyrne	172	26	198	123	20	143	96	55
Id. par Pyrée	180	18	198	139	14	153	97	55
KAMIESCH par Smyrne	234	34	268	172	26	198	133	79
Id. par Pyrée	242	26	268	188	20	208	134	79
ALEXANDRIE par Smyrne	281	85	366	192	64	256	141	79
JAFFA Id.	258	69	327	185	52	237	136	75
BEYROUTH Id.	258	53	311	185	40	225	136	75
TRIPOLI Id.	258	53	311	185	40	225	136	75
LATTAQUIÉ Id.	240	45	285	172	34	206	127	69
ALEXANDRETTE Id.	219	37	256	157	28	185	115	63
MERSINA Id.	201	32	233	144	24	168	106	58
RHODES Id.	103	13	116	75	10	85	54	29

N. B. La nourriture pendant le séjour à Constantinople des voyageurs allant à Varna ou Kamiesch
Id. à Smyrne id. en Syrie
Id. au Pyrée id. en Grèce ou Salonique } demeure à leur charge.

Syra.

De Smyrne	1re Classe.			2e Classe.			3e Classe.	Pont.
	Passage.	Nourrit.	Total.	Passage.	Nourrit.	Total.	Passage.	Passage.
A Métélin	20	5	25	15	4	19	10	5
Dardanelles	49	8	57	37	6	43	25	13
Gallipoli	56	8	64	42	6	48	28	14
Constantinople	81	16	97	57	12	69	38	24
Pyrée	68	13	81	50	10	60	34	18
Hydra	78	16	94	58	12	70	40	21
Spezzia	82	16	98	61	12	73	42	22
Nauplie	89	21	110	66	16	82	45	24
Salonique	126	29	155	91	22	113	61	36
Varna	142	21	163	106	16	122	75	49
Kamiesch	204	29	233	155	22	177	112	73
Alexandrie	242	80	322	162	60	222	121	69
Jaffa	219	64	283	155	48	203	116	65
Beyrouth	219	48	267	155	36	191	116	65
Tripoli	219	48	267	155	36	191	116	65
Lattaquié	201	40	241	142	30	172	107	59
Alexandrette	180	32	212	127	24	151	95	53
Mersina	162	27	189	114	20	134	86	48
Rhodes	64	8	72	45	6	51	34	19

N. B. La nourriture pendant le séjour à Syra et au Pyrée des voyageurs allant en Grèce et Salonique, et celle du séjour à Constantinople des voyageurs allant à Varna et à Kamiesch, demeurent à leur charge.

De Mételin	1re Classe.			2e Classe.			3e Classe.	Pont.
	Passage.	Nourrit.	Total.	Passage.	Nourrit.	Total.	Passage.	Passage.
A Dardanelles	29	3	32	22	2	24	15	8
Gallipoli	36	3	39	27	2	29	18	9
Constantinople	64	8	72	45	6	51	30	19
Pyrée par Syra	72	13	85	54	10	64	36	18
Hydra	82	16	98	62	12	74	42	21
Spezzia	86	16	102	65	12	77	44	22
Nauplie	93	21	114	70	16	86	47	24
Salonique	130	29	159	95	22	117	63	36
Varna	125	13	138	94	10	104	67	44
Kamiesch	187	21	208	143	16	159	104	68
Alexandrie	254	88	342	170	66	236	127	72
Jaffa	236	72	308	167	54	221	125	70
Beyrouth	236	56	292	167	42	209	125	70
Tripoli	236	56	292	167	42	209	125	70
Lattaquié	218	48	266	154	36	190	116	64
Alexandrette	197	40	237	139	30	169	104	58
Mersina	179	35	214	126	26	152	95	53
Rhodes	81	16	97	57	12	69	43	24

N. B. La nourriture pendant le séjour à Syra et au Pyrée des voyageurs allant en Grèce ou Salonique, et celle du séjour à Constantinople des voyageurs allant à Varna ou Kamiesch, demeurent à leur charge.

Des Dardanelles	1re Classe.			2e Classe.			3e Classe.	Pont.
	Passage.	Nourrit.	Total.	Passage.	Nourrit.	Total.	Passage.	Passage.
A GALLIPOLI	7	»	7	6	»	6	4	2
CONSTANTINOPLE	46	5	51	35	4	39	23	12
PYRÉE par Smyrne et Syra.	76	16	92	51	12	63	41	21
HYDRA Id. Id.	86	19	105	59	14	73	47	24
SPEZZIA	90	19	109	62	14	76	49	25
NAUPLIE	97	24	121	67	18	85	52	27
SALONIQUE	134	32	166	92	24	116	68	39
VARNA	107	10	117	84	8	92	60	37
KAMIESCH	169	18	187	133	14	147	97	61
ALEXANDRIE	272	93	365	181	70	251	136	77
JAFFA	254	77	331	163	58	221	127	62
BEYROUTH	230	61	291	153	46	199	123	62
TRIPOLI	230	61	291	153	46	199	123	62
LATTAQUIÉ	214	53	267	143	40	183	114	57
ALEXANDRETTE	208	45	253	143	34	177	104	52
MERSINA	192	40	232	132	30	162	96	48
RHODES	106	21	127	75	16	91	56	31

N. B. La nourriture à Syra et au Pyrée pendant le séjour des voyageurs allant en Grèce et à Salonique, et celle pendant le séjour à Constantinople de ceux allant à Varna et à Kamiesch, demeurent à leur charge.

De Gallipoli	1re Classe.			2e Classe.			3e Classe.	Pont.
	Passage.	Nourrit.	Total.	Passage.	Nourrit.	Total.	Passage.	Passage.
A CONSTANTINOPLE	39	5	44	30	4	34	20	10
PYRÉE direct	80	16	96	60	12	72	40	20
HYDRA id.	90	19	109	68	14	82	46	23
SPEZZIA id.	94	19	113	71	14	85	48	24
NAUPLIE id.	101	24	125	76	18	94	51	26
SALONIQUE id.	138	32	170	101	24	125	67	38
VARNA	100	10	110	79	8	87	57	35
KAMIESCH	162	18	180	128	14	142	94	59
ALEXANDRIE	275	96	371	184	72	256	138	78
JAFFA	259	80	339	166	60	226	129	63
BEYROUTH	235	64	299	157	48	205	125	63
TRIPOLI	235	64	299	157	48	205	125	63
LATTAQUIÉ	219	56	275	146	42	188	117	59
ALEXANDRETTE	214	48	262	146	36	182	107	54
MERSINA	197	40	237	136	30	166	99	50
RHODES	112	24	136	79	18	97	59	33

N. B. La nourriture pendant le séjour au Pyrée des voyageurs allant en Grèce ou à Salonique, et celle pendant le séjour à Constantinople de ceux allant à Varna ou à Kamiesch, demeurent à leur charge.

De Constantinople	1re Classe.			2e Classe.			3e Classe.	Pont.
	Passage.	Nourrit.	Total.	Passage.	Nourrit.	Total.	Passage.	Passage.
A Pyrée direct	119	13	132	90	10	100	60	30
Hydra id	129	16	145	98	12	110	66	33
Spezzia id	133	16	149	101	12	113	68	34
Nauplie id	140	21	161	106	16	122	71	36
Salonique id	177	29	206	131	22	153	87	48
Varna	61	5	66	49	4	53	37	25
Kamiesch	123	13	136	98	10	108	74	49
Alexandrie	299	104	403	200	78	278	150	85
Jaffa	286	88	374	184	66	250	143	70
Beyrouth	264	69	333	176	52	228	141	70
Tripoli	264	69	333	176	52	228	141	70
Lattaquié	249	61	310	166	46	212	133	67
Alexandrette	245	53	298	166	40	206	123	62
Mersina	228	48	276	157	36	193	114	57
Rhodes	145	29	174	102	22	124	77	43

N. B. La nourriture pendant le séjour au Pyrée des voyageurs allant en Grèce ou à Salonique, demeure à leur charge.

Du Pyrée	Passage.	Nourrit.	Total.	Passage.	Nourrit.	Total.	Passage.	Passage.
A Hydra	13	3	16	10	2	12	7	4
Spezzia	19	3	22	15	2	17	10	5
Nauplie	28	8	36	21	6	27	14	7
Salonique	77	16	93	54	12	66	36	23
Varna direct	180	18	198	139	14	153	97	55
Kamiesch id	242	26	268	188	20	208	134	79
Alexandrie par Syra et Smyrne	293	93	386	200	70	270	147	83
Jaffa	270	77	347	193	58	251	142	79
Beyrouth	270	61	331	193	46	239	142	79
Tripoli	270	61	331	193	46	239	142	79
Lattaquié	252	53	305	180	40	220	133	73
Alexandrette	231	45	276	165	34	199	121	67
Mersina	213	40	253	152	30	182	112	62
Rhodes	115	21	136	83	16	99	60	33

N. B. La nourriture pendant le séjour à Constantinople des voyageurs allant à Varna et Kamiesch } demeure
Id. id à Syra et Smyrne id. en Syrie } à leur
Id. id. à Syra id à Smyrne } charge.

D'Hydra	1re Classe. Passage.	Nourrit.	Total.	2e Classe. Passage.	Nourrit.	Total.	3e Classe. Passage.	Pont. Passage.
A SPEZZIA	8	»	8	6	»	6	5	3
NAUPLIE	15	»	15	11	»	11	8	4
SALONIQUE	87	19	106	62	14	76	41	26
VARNA	190	21	211	147	16	163	103	58
KAMIESCH	252	29	281	196	22	218	140	82
ALEXANDRIE par Syra et Smyrne.	303	96	399	208	72	280	153	86
JAFFA id. Id.	280	80	360	201	60	261	148	82
BEYROUTH	280	64	344	201	48	249	148	82
TRIPOLI	280	64	344	201	48	249	148	82
LATTAQUIÉ	262	56	318	188	42	230	139	76
ALEXANDRETTE	241	48	289	173	36	209	127	70
MERSINA	223	43	266	160	32	192	118	65
RHODES	125	24	149	91	18	109	66	36

N. B. La nourriture pendant le séjour au Pyrée des voyageurs allant à Salonique
Id. id. au Pyrée et à Constantinople id. à Varna et Kamiesch
Id. id. au Pyrée, Syra et Smyrne id. en Syrie
Id. id. au Pyrée et Syra id. à Smyrne
} demeure à leur charge.

De Spezzia	1re Classe. Passage.	Nourrit.	Total.	2e Classe. Passage.	Nourrit.	Total.	3e Classe. Passage.	Pont. Passage.
A NAUPLIE	11	»	11	9	»	9	7	5
SALONIQUE	91	19	110	65	14	79	44	27
VARNA	194	21	215	150	16	166	105	59
KAMIESCH	256	29	285	199	22	221	142	83
ALEXANDRIE par Syra et Smyrne.	307	96	403	211	72	283	155	87
JAFFA	284	80	364	204	60	264	150	83
BEYROUTH	284	64	348	204	48	252	150	83
TRIPOLI	284	64	348	204	48	252	150	83
LATTAQUIÉ	266	56	322	191	42	233	141	77
ALEXANDRETTE	245	48	293	176	36	212	129	71
MERSINA	227	43	270	163	32	195	120	66
RHODES	129	24	153	94	18	112	68	37

B. La nourriture pendant le séjour au Pyrée des voyageurs allant à Salonique
Id. id. au Pyrée et à Constantinople id. à Varna et Kamiesch
Id. id au Pyrée, Syra et Smyrne id. en Syrie
Id. id. au Pyrée et à Syra id. à Smyrne
} demeure à leur charge.

De Nauplie	1re Classe.			2e Classe.			3e Classe.	Pont.
	Passage.	Nourrit.	Total.	Passage.	Nourrit.	Total.	Passage.	Passage.
A SALONIQUE	98	24	122	70	18	88	47	29
VARNA direct	201	26	227	155	20	175	108	61
KAMIESCH id.	263	34	297	204	26	230	145	84
ALEXANDRIE par Syra et Smyrne.	314	101	415	216	76	292	158	89
JAFFA Id.	291	85	376	209	64	273	153	85
BEYROUTH Id.	291	69	360	209	52	261	153	85
TRIPOLI Id.	291	69	360	209	52	261	153	85
LATTAQUIÉ Id.	273	61	334	196	46	242	144	79
ALEXANDRETTE Id.	252	53	305	181	40	221	132	73
MERSINA Id.	234	48	282	168	36	204	123	68
RHODES Id.	136	29	165	99	22	121	74	39

N. B. La nourriture pendant le séjour au Pyrée des voyageurs allant à Salonique
Id. au Pyrée et à Constantinople id. à Varna et à Kamiesch
Id. au Pyrée, à Syra et à Smyrne id. en Syrie
Id. au Pyrée et à Syra id. à Smyrne
} demeure à leur charge.

De Salonique								

Nauplie.
Salonique.

De Varna	1re Classe.			2e Classe.			3e Classe.	Pont.
	Passage.	Nourrit.	Total.	Passage.	Nourrit.	Total.	Passage.	Passage.
A KAMIESCH par Constantinople...	179	18	197	135	14	149	102	68
ALEXANDRIE.................	354	109	463	245	82	327	184	108
JAFFA........................	341	93	434	229	70	299	177	93
BEYROUTH....................	319	74	393	221	56	277	175	93
TRIPOLI.......................	319	74	393	221	56	277	175	93
LATTAQUIÉ...................	304	66	370	211	50	261	167	90
ALEXANDRETTE	300	58	358	211	44	255	157	85
MERSINA	283	53	336	202	40	242	148	80
RHODES.......................	200	34	234	147	26	173	111	66

N. B. La nourriture pendant le séjour à Constantinople des voyageurs se rendant en Syrie, demeure à leur charge.

De Kamiesch								
A ALEXANDRIE.................	410	117	527	289	88	377	217	130
JAFFA........................	397	101	498	273	76	349	210	115
BEYROUTH....................	375	82	457	265	62	327	208	115
TRIPOLI.......................	375	82	457	265	62	327	208	115
LATTAQUIÉ...................	360	74	434	255	56	311	200	112
ALEXANDRETTE	356	66	422	255	50	305	190	107
MERSINA	339	61	400	246	46	292	181	102
RHODES.......................	256	42	298	191	32	223	144	88

N. B. La nourriture pendant le séjour à Constantinople des voyageurs se rendant en Syrie, demeure à leur charge.

D'Alexandrie								
A JAFFA........................	77	13	90	54	10	64	41	23
BEYROUTH....................	111	21	132	78	16	94	59	33
TRIPOLI.......................	124	32	156	88	24	112	66	37
LATTAQUIÉ...................	142	37	179	101	28	129	76	42
ALEXANDRETTE.............	164	45	209	116	34	150	87	48
MERSINA	182	53	235	128	40	168	96	53
RHODES.......................	197	72	269	132	54	186	99	56

De Jaffa	1re Classe.			2e Classe.			3e Classe.	Pont.
	Passage.	Nourrit.	Total.	Passage.	Nourrit.	Total.	Passage.	Passage.
A Beyrouth	34	5	39	24	4	28	18	10
Tripoli	48	21	69	34	16	50	26	14
Lattaquié	66	21	87	47	16	63	35	20
Alexandrette	87	29	116	62	22	84	46	26
Mersina	105	37	142	74	28	102	56	31
Rhodes	203	56	259	143	42	185	107	60
De Beyrouth								
A Tripoli	14	8	22	10	6	16	8	4
Lattaquié	32	8	40	23	6	29	17	10
Alexandrette	53	16	69	38	12	50	28	16
Mersina	71	24	95	50	18	68	38	21
Rhodes	169	43	212	119	32	151	89	50
De Tripoli								
A Lattaquié	18	»	18	13	»	13	10	6
Alexandrette	40	8	48	28	6	34	21	12
Mersina	57	16	73	41	12	53	31	17
Rhodes	155	35	190	109	26	135	82	46

De Lattaquié	1re Classe.			2e Classe.			3e Classe.	Pont.
	Passage.	Nourrit.	Total.	Passage.	Nourrit.	Total.	Passage.	Passage.
A Alexandrette............	22	»	22	15	»	15	12	6
Mersina..................	40	8	48	28	6	34	21	11
Rhodes...................	137	32	169	97	24	121	73	40
D'Alexandrette								
A Mersina................	18	»	18	13	»	13	10	5
Rhodes...................	116	19	135	82	14	96	61	34
De Mersina								
A Rhodes.................	98	16	114	69	12	81	52	29

Lattaquié.
Alexandrette.
Mersina.

www.ingramcontent.com/pod-product-compliance
Lightning Source LLC
LaVergne TN
LVHW051502090426
835512LV00010B/2288

* 9 7 8 2 0 1 1 2 7 4 5 6 4 *